AF349876

PLAFOND

ET

PENDENTIFS

PAR

G.-B. TIEPOLO

NOTICE

D'UN

TRÈS-BEAU PLAFOND

ET PENDENTIFS

PAR

G.-B. TIEPOLO

*Œuvres importantes de ce maitre provenant de la grande salle
de bal du palais Barbaro, à Venise*

DONT LA VENTE AUX ENCHÉRES AURA LIEU

HOTEL DROUOT, SALLE N° 3,

Le Lundi 9 Février 1874

A TROIS HEURES ET DEMIE.

Par le ministère de M⁰ **CHARLES PILLET**, Commissaire-Priseur,
10, rue de la Grange-Batelière ;
Assisté de **M. FÉRAL**, Peintre-Expert, 23, rue de Buffault.

Chez lesquels se trouve la présente Notice.

EXPOSITIONS { *PARTICULIÈRE :* Le Samedi 7 Février 1874.
PUBLIQUE : Le Dimanche 8 Février 1874.

DE UNE HEURE A CINQ HEURES.

CONDITIONS DE LA VENTE

Elle sera faite au comptant.

Les adjudicataires payeront *cinq pour cent*, en sus des enchères.

Paris. — Typ. PILLET fils aîné, rue des Gr.-Augustins, 5.

La famille Barbaro s'était rendue fameuse à Venise par des services éclatants. Elle a, pendant plusieurs siècles, brillé dans la diplomatie, dans la guerre, dans les lettres, et l'on ne doit point s'étonner que la sérénissime république ait honoré d'une estime particulière les représentants de cette maison glorieuse.

À l'origine, l'histoire des Barbaro se confond avec la légende. Boschini raconte, dans *Le Minere della Pittura*, comment ce nom leur fut donné. Un des ancêtres de la famille, Marco, combattait au xii° siècle contre un prince oriental que l'écrivain appelle le calife de l'Égypte. Serré de près par un groupe d'ennemis, Marco perdit son étendard dans la mêlée; mais cette perte fut réparée en quelques minutes. Saisissant un Sarrazin qui était devant lui, il commença par le mettre à mort, et, déroulant en l'air le turban du vaincu, il s'en fit un autre drapeau. Marco ne devait pas s'en tenir là : en sa qualité de Vénitien, il aimait la couleur; d'un coup de sabre, il trancha le bras de sa victime expirante, et, se servant comme d'un pinceau de ce membre sanglant, il blasonna de rouges arabesques la blanche étoffe de son nouvel étendard. Ces belles façons d'agir et cette manière, inédite jusque-là, de décorer les drapeaux, enthousiasmèrent les Vénitiens, et Marco reçut dès lors le nom de Barbaro qu'il transmit à ses descendants. Ce haut fait méritait d'être célébré par la peinture : il le fut en effet. On voit encore aujourd'hui au palais des Doges, dans l'ancienne salle du Scrutin, un tableau de Santo-Peranda qui raconte la bataille égyptienne où le premier Barbaro se montra si vaillant et si coloriste.

Un autre Barbaro — et c'est assurément le plus illustre de la maison — fit parler de lui au xv° siècle. Né en 1398, Francesco fut un rude et sévère personnage. La République lui confia de hautes magistratures. Successivement podestat de Trévise, de Vicence et de Vérone, il se couvrit de gloire au siége de Brescia en 1438. La noble ville, qui s'était alliée à Venise, ayant été attaquée par Piccinino et les troupes du duc de Milan, Francesco Barbaro courut au secours de la place assiégée. Il la sauva. Les Vénitiens lui en témoignèrent noblement leur reconnaissance. « Barbaro, dit Cesare Cantu, fut appelé à Venise avec les cent gentilhommes qui avaient le plus contribué à la défense de la ville. Accueillis par la seigneurie, embrassés par le Doge qui les proposait comme des modèles aux sujets de la République, ils obtinrent pour eux et leur postérité l'exemption de tout impôt. » La vigoureuse défense de Brescia resta dans les souvenirs du peuple, et, un siècle après, Tintoret y trouvait le sujet d'une des peintures octogones qui décorent l'ancienne salle du Grand Conseil au palais ducal.

Francesco ne fut pas seulement un vaillant capitaine. Il était procurateur de Saint-Marc lorsqu'il mourut en 1454. Il avait, en outre, des ambitions littéraires : il a laissé un livre sur le mariage, *De re uxoria*, et il est certainement pour beaucoup dans la relation du siége de Brescia, *Commentarium de obsidione Brixiæ*. C'est du moins à l'aide de ses notes que cet écrit paraît avoir été composé.

Francesco Barbaro eut de dignes successeurs. Son petit-fils Ermolao (1464-1493) fut ambassadeur à Rome et patriarche d'Aquilée. Il est cité parmi les érudits de la Renaissance et il eut sa part dans la grande œuvre de l'époque, la patiente reconstitution du texte des auteurs de l'antiquité.

Un autre Barbaro s'illustra au xvi° siècle. Daniele, petit-neveu d'Ermolao, et comme lui patriarche d'Aquilée, représenta la République de Venise auprès de la cour d'Angleterre. Il mourut en 1570, laissant de nombreux ouvrages, entre autres une traduction de Vitruve et un traité de perspective.

De tous temps, ces Barbaro s'intéressèrent aux questions d'art. Les amateurs de numismatique n'ont pas oublié le nom de Giorgio Barbaro qui, en 1681, passait pour «sçavant en belles lettres, » et possédait un cabinet de médailles antiques.

Il y avait encore des Barbaro au xviii° siècle. Dans sa *Description d'Italie*, imprimée en 1769, l'abbé Richard nous parle avec complaisance de ces Barbaro de la décadence qui « forment à Venise une famille patricienne très-nombreuse et très-considérable par les charges qu'elle occupe dans le gouvernement. »

Ce sont ces derniers Barbaro qui, désireux d'enrichir le palais qu'ils habitaient à Venise, confièrent à Giam-Battista Tiepolo le soin de décorer leur salon de fêtes.

Tous ceux qui ont visité Venise et Aranjuez savent ce qu'était G.-B. Tiepolo; ils connaissent ses grandes décorations pittoresques qui font de la voûte d'une chapelle ou d'une salle de bal un ciel léger animé de vivantes figures. Mais de pareilles œuvres sont immobilisées dans les palais ou dans les églises dont elles sont l'honneur, et c'est pour la première fois qu'on voit arriver à Paris un plafond de Tiepolo. N'allez pas le dire à Venise : nos bons amis de la Piazzetta ne seraient pas satisfaits s'ils savaient que nous leur avons ravi un de leurs trésors.

Appelé à décorer le salon des Barbaro, l'artiste vénitien s'est inspiré d'un souvenir cher à la famille ; il a cherché le motif de son plafond dans l'histoire de l'illustre aïeul, Francesco Barbaro, l'héroïque défenseur de Brescia. Volontairement oublieux du xvᵉ siècle, il s'est lancé, avec sa fantaisie ordinaire, dans le domaine de l'apothéose. Il a fait de l'austère soldat de 1438 un triomphateur vaguement costumé à l'antique ; il a placé auprès de lui le lion de saint Marc, et il l'a entouré de figures légères empruntées à l'allégorie et à la fable. Tiepolo a surtout manœuvré en décorateur : il a cherché, il a trouvé l'effet joyeux des colorations claires opposées à des ombres et à des vigueurs d'intensités inégales. Nous n'avons pas d'ailleurs à décrire le plafond du brillant artiste vénitien : nous aurions voulu le dater, mais, à défaut d'information précise, nous y renonçons : nous dirons seulement que l'œuvre est antérieure à 1763, époque à laquelle Tiepolo partit pour l'Espagne, où il devait mourir sept ans après.

La décoration primitive du salon du palais Barbaro comprenait, indépendamment du plafond, deux panneaux ovales représentant des sujets allégoriques.

Le plafond et les deux panneaux décoratifs qui le complètent sont du meilleur temps du peintre, et on ne voit

pas, même à Venise et en Espagne, beaucoup d'œuvres
où les brillantes qualités de G.-B. Tiepolo soient mieux
écrites. Il n'y faut point chercher le style sévère des
grandes époques de l'art. Tiepolo n'est pas un maître de la
renaissance; il comprend l'antiquité comme un contempo-
rain de Lemoine et de Natoire. Il considère la figure humaine
comme une sorte d'arabesque, et il la contourne en raccour-
cis audacieux, au gré de sa fantaisie décorative. Mais com-
bien il est resté vénitien! Quel sentiment de la lumière et
de la couleur! Quelles légèretés heureuses dans ce pinceau
qui dit les choses si vite, et qui parfois les dit si bien! Nous
n'insistons pas : il est temps de laisser la parole aux con-
naisseurs; mais il nous semble que la justice aurait le droit
de se plaindre, si, devant cette peinture où l'atmosphère a
des limpidités si transparentes, devant ces carnations reflé-
tées où les tons gris se mêlent si finement aux tons blonds
et roses, on ne saluait pas dans Tiepolo un petit-fils de
Véronèse.

TIEPOLO

(GIAM-BATTISTA)

Né à Venise en 1692, mort à Madrid en 1769, élève de Gregorio Lazzarini.

1 — Apothéose de Francesco Barbaro, Procurateur de saint Marc.

Il est assis sur des nuages, le pied sur un étendard, et tient de la main droite le bâton du commandement, le héros s'appuie sur le lion de saint Marc. A la droite du personnage, une Renommée publie ses hauts faits ; elle agite de la main gauche une branche d'olivier.

Le triomphateur est suivi de trois jeunes filles, dont l'une tient une corne d'abondance d'où s'échappent de l'or et des joyaux. En avant, trois autres figures allégoriques : l'une d'elles, la poitrine ornée d'un soleil éclatant, tient une couronne à la main ; une autre, au premier plan, ayant une tête à deux faces et tenant un serpent roulé à son bras droit, paraît représenter la Prudence.

D'autres figures et des amours complètent cette composition, que l'on peut regarder comme une des œuvres les plus importantes et les plus belles du dernier grand peintre de l'école vénitienne.

Ce plafond a été gravé à l'eau-forte par Domenico Tiepolo, fils de Jean-Baptiste.

Plafond. Haut., 2 m. 50 ; larg., 4 m. 65.

2 — Pendentif.

Une jeune femme, pleine de grandeur et de dignité, portant un ample vêtement blanc, regarde, tranquille et fière, un jeune guerrier qui lui offre un anneau. Derrière eux, un homme coiffé d'un turban et drapé dans un manteau rouge assiste immobile à cette scène.

Toile ovale. Haut., 1 m. 40; larg., 1 m. 08.

3 — Pendentif.

Un guerrier, l'air en courroux, accable de reproches et de menaces une jeune femme prête à s'évanouir dans les bras d'une de ses suivantes.

Toile ovale. Haut., 1 m. 40; larg., 1 m. 08.